Und ich schnitzte meinen Namen in die Baumrinde.

Gedichte

Marc Füller

Für die, die mich wachsen lassen.

Herstellung und Verlag:
BoD – Books on Demand, Norderstedt
ISBN 978-3-7322-8194-7

„Alles schlief, als wäre das Universum ein Versehen; und der unbestimmt flatternde Wind war eine gestaltlose Fahne, gehißt über einer nicht vorhandenen Kaserne. Ein Nichts zerriß in den brausenden Lüften und die Fensterrahmen rüttelten an den Scheiben, damit man der höchsten Not gewahr wurde. In der Tiefe von allem war stumm die Nacht, Gottes Grab […]."

Fernando Pessoa: Das Buch der Unruhe
des Hilfsbuchhalters Bernardo Suares,
32 – Sinfonie einer unruhigen Nacht

Zu sehr im Kopf

Die Berge liegen ruhig so da,
als hätten sie nie etwas anderes getan.
Durch Dich erst haben sie ihre Macht
– zu geben, zu nehmen – zu vergessen.

Die Nymphen singen an ihren Hängen
das sanfte Lied des Windes
und bringen mich mit jedem Ton
der Einen Unbekannten näher.

So hoffe ich jeden Tag nur eine Sekunde,
dass morgen wird schöner als gestern.
Ihr Lachen hallt in meinen Ohren,
verschollen im Abfall der Zeit.

Ihr Antlitz bleibt nur einen Moment
in meinem überhitzten Geist.
Die Wut doch bleibt, dass sie nicht gibt,
was zu nehmen ich niemals wage.

Dämmerung, dämpfe meine Gedanken,
voll von Einsamkeit sind sie
und sie bleiben erhalten, wohin ich gehe
und lassen mir keinen winzigen Moment
der Ruhe.

Immer noch der Alte

Wenn auch auf den kargen Feldern
alle Lilien sind verdorrt
und verbrannt ist alles Stroh,
verbleibe ich wie die Berge
so unverändert, ewig gleich.

Meine faltige Stirn verwittert im Winde.
Innerlich bleibt alles klar
und glänzend und blutend die Worte,
brennend die Einsamkeit,
ätzend die vertrauten Gesichter.

Es tobt seit Äonen der Kampf
zwischen Mächten, die völlig gleich sind,
zwischen Regen und Sonnenschein.
Ein Gleichgewicht, das niemals fällt.
Niemals werde ich befreit.

Die Welt um mich vergeht im Feuer
des Krieges und der kalten Gier,
doch ich stehe immer noch
an diesem einen toten Ort
und sehne mich nach Dir.

Geh doch nicht weg, bleib bitte nicht hier,
lass mich in Ruh', doch nicht allein.
Dies ist der Kampf in meinem Herzen.
In meinen Gliedern die eisige Wut
nur auf mich selbst.

Kein Weg zurück

Asphalt und Stahl vor meinen Augen
und die Irrlichter der Zivilisation.
Sie bleiben – doch nur für einen kurzen Moment,
wandeln sich stets – bis zur Unkenntlichkeit.

Vergangenheit ist in jedem Stein,
auf den ich heute trete.
Ich bin kein Kind der Gegenwart.
In mir ist nur das Bild der Zukunft.

Die Vergangenheit hat mich so sehr geprägt,
dass schwer erscheint, sie heute loszulassen.
Wie das Wasser durchdringt sie meine Kleider
und lässt das Blut in meinen Adern
langsamer fließen.

Der Sog, eisig und gnadenlos, zieht mich
in eine so dunkle Zeit, als alles war eins
und kein Schritt ohne Bedacht getan
– und doch der Weg zu glatt – zu glitschig.

Unvergessen, was war und was ist,
verdrängt, woran das Herz noch immer hängt.
Allein, verloren zwischen Heute und Jetzt.
In Erstarrung geboren – und auch gestorben.

Vorbei an mir

Verzagen lässt mich oft die Einsamkeit
in Deinen Stunden und denen, die folgen,
zolle ich Dank für den Schlaf des Vergessens.
Tief und schwer die Träume – leicht ist es
sich darin zu verlieren
– den Kampf mit sich selbst zu verlieren.

Die Einsamkeit ist nicht mehr als ein Gedanke.
Deine Stunden sind zu schön für mich.
Bunte Fontänen im Eis meines Geistes
brennen und brennen, schmelzen es nicht.
Nicht zu sehen.
Geschichte ist Zukunft ist Geschichte.

Ihr Lächeln ist das Lächeln von Tausenden,
doch es richtet sich nicht an mich.
Wer ich sein will, steht vor ihr –
nicht der, der ich bin – Betrug.
Weichen wird niemals die Einsamkeit,
ehe das Trugbild verschwindet auf ewig.

Lilien im April

Mir war, als sah ich gestern
Lilien am Wegesrand,
als ich versuchte in meinen Träumen
zu Deinem Haus zu gehen.

Mir ist heute, als seien die Lilien
immer noch in meiner kleinen Welt
und reisen durch die vergangene Zeit
an die Pforten der Musik.

Gestern war der April noch jung
– und ich mit ihm noch unbedarft.
Heute sind Deine Augen verschwunden
und Dein Lachen in der Sonne verbrannt.

Dir scheint es oft, als sei ich nicht da,
sagtest Du – und Du hast recht.
Mein Geist ist oft auf den dunkelsten Pfaden.
Meine Ohren hören, was keiner sonst hört.

Doch liebe ich Dich, wo auch immer Du bist
– ich habe Dich noch nicht gefunden.
Als ich wanderte durch diese so bevölkerte Welt,
glaubte ich oft nicht mehr an Dich.

Mir ist es aber heute, als wärst Du bald da
und würdest vielleicht schon morgen
mich in meinen Hallen besuchen
– ich werde Dir Lilien schenken.

Sehen das Andere

Dein Gesicht, o Dämmerung
ist auch das von ihr.
Dein Licht, Du heilige Zeit,
lässt vergessen mich
das Leid meiner Welt.

Zu Dir, o einzig Beständige
komme ich in bitteren Tränen,
wenn Tag und Nacht
sind beide verflucht
durch Schicksals Worte.

Die Bilder von Dir wie leuchtende Schatten
sind meine schlaftrunkenen Tagträume
und Spiegel der Wünsche der Nacht
dem vergossenen Blut der Einsamkeit
in wirrendem Geiste.

Dein Antlitz ist zugleich mehr als das ihre.
Dein Kuss nur ein Hauch ihrer zarten Lippen
und ein Lüftchen des Duftes ihrer Haut.
Der Regen, der fällt auf das Gras,
ist ein Tropfen nur ihrer Tränen.

Eine kleine Lilie

Was ist ihr Herz in meiner Hand
als die Hoffnung, das Ende zu finden?
Wohin verschwinden meine Träume,
wenn des nachts ich einsam gehe
– in Deinen Wald, Unsterbliche?

Gestern war Dunkelheit, heute noch immer
und die Sterne werden sterben wie Fliegen
in ihrem Haar – gleich dem eines Engels
fallen die Flocken des brennenden Schnees
– und die Funken der Unwissenheit.

Heute ist Licht, so gleißend und heiß
schmoren die Gedanken in der blutenden Rinde.
Dahinter doch auf der Wiese, verdorrt
und verloren bis zum Ende der Welt
– steht eine kleine Lilie.

Sie ist es, die ich stets nur suche,
ihre Haut ist wie des Himmels Zelt.
Nichts als Erschütterung des Vergessens.
Ihre Augen sind auf mich gerichtet
– doch sie sieht mich nicht.

Für sie bin ich nicht mehr als ein Halm
an diesem wüsten, leeren Ort – dem See der
Einsamkeit.
Ihr Herz, ihr Leben unsterblich – das Nichts vor
Augen.
Sie ist wie ich, ein Hauch im eisigen Sturm
– allein, verdammt, sie nie zu finden.

Knospen

In mir erwachte vor nicht allzu langer Zeit
ein Samen, doch weiß ich nicht,
wo er herkam und was aus ihm wird.
Eine Lilie könnte es werden,
die mein Leben zu retten vermag,
die Königin aller Blumen.

Sie mag wachsen in mir,
bis ich zu Ende gehe.
Ich werde sie niemals enttäuschen.

Sie ist, wohl wahr, die Liebe,
diese vergessene Blume.
Langsam nur wächst sie dahin.
Wohin, kann keiner sagen.

Zu weit weg von der Zerstreuung

Zu weit weg von der Zerstreuung, zu nah am
                         Abgrund der Väter.
Nichts wert als die Arbeit der eigenen Hände.
Weit entfernt – und doch immer noch ein Täter
reiße ich ein die ungebrochenen Wände.

Die Feuer der Jugend scheinen erloschen.
Verdorrt sind die noch zu schwachen Pflanzen.
Die dürren Worte sind zu sehr abgedroschen,
als ich versuche mich vor Dir zu verschanzen.

Herrin meiner schweißnassen Träume.
Hoffnung aller durchwachten Nächte,
die ich im Schlaf und durch den Regen
                         versäume,
der mich erinnert an die unerreichten Mächte,

die wanken um uns in dieser Stunde.
Unbehelligt aller Worte und verlassen
stehen wir vor Dir, in aller Munde
ist das Geld Verprassen, das Tun und Lassen.

Durch Deine Worte schwillt die Glut
an und macht meine Gedanken schäbig.
Am Boden fließt das eigene Blut
und der Tod, er grinst ein wenig behäbig.

Wo auch die Sonne heute Nacht untergeht,
das Feuer um uns wird niemals erlöschen.
Wenn einer von uns als Mahnung nur dasteht,
spuckt auf die Glut mit eisigem Zischen.

Tag und Nacht

Sie ist nicht wie der Mond
– eher wie die Sonne.
Zu Dir scheint sie so gar nicht zu passen
ein Jammer, dass ich Dir bin verfallen.

Sie ist zu fröhlich für die Nacht
für den Tag scheint sie geschaffen
im Dunkeln habe ich sie noch nie gesehen
– als in meinen Träumen.

Ich bin so müde von den Tagen
des ewigen Lernens
möchte doch nur mit Dir gemeinsam
die samtene Wonne spüren.

Dämmerung, hilf mir sie zu finden
– verloren ist sie in meinen Träumen
sie darf es niemals wissen
– wie verwundet ich doch bin.

Nur einen Tag

In ihren Augen spiegeln sich
die Ewigkeiten, die stets sofort vergehen.
Meine Augen brennen, zerbissen vom Staub
eines viel zu langen Weges,
der durch die Städte – fort von Gott
zum Ende schließlich führt.

Du bist mein Sehnen und die Saat
meiner nicht allzu fruchtlosen Gedanken.
Durch nichts mag mir der Mut verzagen,
der mich in dieses kleine Reich
– in ihre Arme führt.

Allein ihr Gesicht in meinem Kopf
ist mir das Lebenselixier
für einen Tag, doch nicht für mehr.
Mein Weg, er führt mich weg von ihr.
– Wo Du bist, kann sie niemals sein
– sie ist ein Kind der Nacht.

Ich Kind des Tages bin zu blind,
wenn die Sonne ist endlich versunken,
doch sie ist meine Augen, mein Verstand
in diesen wundervollen Stunden
der unmöglichen Gemeinsamkeit
– der Vereinigung von Nacht und Tag.

Ein Augenblick

Es ist nicht wahr, dass sie ist für mich verloren.
Die Zeit wird zeigen, was sie zeigt.
Unter Deinem Schatten, Dämmerung, sah ich die
                                Welt
und traute meinen Augen nicht.

Ihre Augen strahlten mit solcher Kraft,
als sei die Sonne hinter ihnen verborgen.
Wie die Wolken einer stürmischen Nacht
flatterte ihr Haar und versuchte zu leben.

Vergangenheit und Zukunft

Vergangenheit und Zukunft – alles ist eins.
Alles scheint im Nichts zu schweben,
die Welt im Nebel der Träume.

Gedankenverloren der Blick in die Nähe
die Ferne vergessen – überflüssig.
Zu klein das Universum für mich.

Mit Dir die Träume der Zukunft zu leben.
Lieben und hassen und lieben und hassen.
Kannst Du vielleicht die Hand mir geben?

Niemals allein, doch einsam

Mit Blumen in der Hand und den Gedanken in
                              der Ferne
stehe ich allein in einer viel zu belebten Straße
und sehe doch nichts von all den Menschen.
Spüre doch das Blut in ihren Adern,
das mich zum Narren hält.

Momente der Schönheit

Hätte ich sie nur geküsst,
als Du warst bei mir neulich.
Wäre sie doch bei mir gewesen
in diesem schönen Moment,
als Du warst heiliger Bote.

Die Zeit der Träume ist nicht vorbei,
noch sind die Wünsche vergangen,
doch die Augen sind auch noch nicht trocken.
Schwindel ist noch nicht kuriert,
auch wenn die Schmerzen verschwunden.

Andere Wesen möchte ich sehen
Frauen, die ich nicht liebe, küssen
und mir die Tränen trocknen
an ihren Kleidern
und Haaren.

Lilien färben

Ich berührte Dich in meinen Gedanken
so sachte – und doch, Du spürtest es.
Du zogst Dich zurück und sagtest leise:
„Bleib mir nicht fern, doch auch nicht nah."

Als ich erwachte und die Wahrheit sah,
hatte ich schon begonnen die Reise
in die dunklen Gefilde des einen Landes,
wo in der Sonne die Blumen ranken.

Ein schlichter Moment

Ihr Lächeln ist viel breiter und heller
als mein blasses Gedächtnis mir sagte.
Ihre Augen sind so warm.
Wie das Licht Deines Untergangs auf den
                              Bäumen
– wie die Erde so warm.

Das Träumen von ihren lauten Worten
wird mich die nächsten Nächte begleiten.
Die verschlungenen Pfade dieser Zeit
sind für mich der Weg zu ihr.
– Was mag mir begegnen?

Sie freute sich, als sie mich sah.
– Was soll das schon bedeuten?
Wohin wir gehen, wird sich dereinst zeigen,
wenn ich streiche über ihr dunkles Haar
warm wie der Wind des Sommers.

Ihre Worte hallen noch immer
durch den Raum in meinem Kopf
wie das Echo eines schlichten Momentes.
Ausdruck einer einfachen Wahrheit.
Sie verharrt in meinen Gedanken.

Heraus aus den Schatten

Ein Tanz der fröhlichen Gestalten
sind Deine Schatten,
seit ich sie habe gefunden.

Nichts weiter als die Vergangenheit
und die Zukunft habe ich vergessen.
Nur das Jetzt und Hier zählen.

Mein Leben war ein Schatten aller Dinge,
die es hätte sein können.
Nicht mehr als der Hauch der Erfüllung

meiner Träume lag in ihren Worten.
Ich kann nur in Deinen sanften Armen
klar denken, doch brauche ich sie.

Dich endlich loszulassen, zu gehen,
um endlich herauszutreten aus dem Grau
in Farben, Nuancen und Schattierungen.

Vielleicht dauert es nicht mehr lange,
bis ich Deine Hilfe nicht mehr brauche,
bis ich Dich endlich ziehen lasse
– zu helfen einem anderen.

Zu viel

All die Blumen, die um mich sprießen,
ihr Duft juckt mir seit Jahren in der Nase,
ihre Farben reizen meine Augen.
Blutunterlaufen von all den Tränen,
die ich Deinetwegen vergoss.

All die Zerstörung um mich herum,
die seit Dekaden verbrannte Erde.
Sie verschwindet im Nichts,
wenn doch nur einen einzigen Augenblick,
du endlich bei mir wärst.

All Deine Worte voller Belanglosigkeit
verhallen in den Gemäuern der Ewigkeit,
doch die Narben jeder einzelnen Silbe
sind mein Zeugnis einer Vergangenheit
mit Dir – und doch immer ohne Dich.

All meine Küsse niemals auf Deine Lippen
sind Zeichen des Sonnenuntergangs.
Meine Welt ist die Nacht, Deine die Sonne.
Niemals, niemals wird sich vereinen,
was sich gegenseitig tötet.

Morgen

Wo soll ich hin, wenn Deine Macht
                        entschwindet?
Wo ist mein Platz, wenn Dein Reich ist gefallen?
Offen trage ich Deinen Namen
werde Dein sein, auch wenn Du nicht mehr bist.
Dämmerung, halte die Zeit doch an.

Bis wir uns morgen wiedersehen,
bleibt kein Moment, den ich nicht sehne
mich nach Dir und Deiner Gefährtin –
der Liebe, die mein Herz macht schwer
und so leicht meine trunkene Zunge.

Ich kam schon oft zu spät zu dir
und sah nur noch Dein Grabe.
Der Tag lässt mich oft einfach nicht ziehen
und ich kann ihm nicht entfliehen
– es tut mir so leid, wenn ich nicht komme.

Dein Licht, Dein Duft nach Wärme und Wonne,
macht mir den Geist so leicht
und wenn die Liebe dann noch findet,
was sie hat längst gesucht,
bleibt mir nichts als den Kuss zu erhoffen,
bis Du endest und in meine Gedanken
endlich zurückkehrst.

Ambivalenz

In einer Welt aus Arbeit und Gedanken
fehlt die Orientierung und das unwissende
                              Wanken.
Deine Worte, die ich hörte schon, als ich war
                              noch ein Kind,
brachten mich noch niemals einen Schritt nur
                              weiter
als dem Abgrund gefährlich nahe.

Ich vertraue Dir, dass Du handelst,
wie auch ich sollte die Welt verachten.
Mechanisch der Rost in unseren Gelenken,
eisern das Eis der Fremde,
gebrochen aus Tränen und Schweiß.

Dein Name bleibt mir manchmal nur fremd.
Deine Schönheit bleibt hinter der Wut zurück
und ist Erkenntnis der ersten Stunde.
Wir singen Deinen Tod mit herrlichen Liedern
wie den Sieg des Ewigen Lichts.

Für die Lilien

Dir wünsche ich alles,
was mir verborgen war.
Deine Augen sollen sehen,
was ist in meinem Herzen wahr.
Dein Gesicht so wunderschön.

Der Duft des Maies in meiner Nase,
Dein Arm um mich geschlungen.
Die Sonne leuchtet so hell auf das Gras
und die Wunden der Vergangenheit
sind verschwunden mit Deinem Kuss.

Nicht vergessen

Sie hat es mir angetan, Dämmerung.
– Ich kann sie nicht vergessen.
Sie war nicht nett, als ich sie fragte,
doch wie die Morgenröte ist ihr Gesicht.

Dieser Weg, er führt mich weg von ihr
zurück in Deine Arme.
Endlich kann ich wieder schreiben Dir.
Endlich wieder alleine.

Dämmerung, Du wirst mich hören,
bis mein Herz ist frei von Eis,
bis sie ist vergessen, vergangen in der Zeit
– oder ich selbst modere unter der Erde.

Nicht vergessen II

Ihr Gesicht zu schön für diese Welt,
ihr Lachen zu hell für mein altes Herz,
der Traum von ihr war zu real.
Zu schön der Gedanke, mit ihr zu sein.

Ich möchte sie küssen, in meinen Armen halten,
doch dies wird niemals geschehen.
Unsere Vergangenheit ist dunkel, verworren.
Wo sind wir fehlgegangen?

Ich habe sie nicht vergessen
– wie könnte ich das jemals?
Ihre Hand möchte ich so gerne halten
nur eine Sekunde – eine endlose Sekunde lang
ihren Atem auf meiner Zunge spüren.

Wenn ich Dir heute schreibe,
wirst Du morgen bei mir sein?
Wenn ich all meinen Stolz vergesse,
wirst Du endlich mit mir sein?

Auf und Ab

Sie schwirrt, wenn Du bist längst vergangen
noch immer durch meine Gedanken.
Sie ist die Dunkelheit in Deinem Licht
und der Sonnenstrahl im Fluss der Zeit.

Ihr Wesen leuchtet manchmal klar
– doch sie kann auch ätzend sein
wie bittere Galle und doch
so unverzichtbar und erhellend.

Wenn sie mich voller Unlust grüßt
möchte ich nur noch verweilen in Deinem Arm
Der Tag ist nichts für mich und sie
– doch in der Nacht ist es nicht real.

Mein Traum: Sie geht bald auf mich zu:
„Bleib bei mir, doch lass mich alleine leben.
Vergiss die Hoffnung auf eine leichte Zeit.
Ich brauche Dich gegen die Einigkeit."

Und jeder Tag im Kampf mit ihr
würde glücklich mit Dir enden
Und die Sonne würde unser Geschrei übertönen
– und der Mond die Ruhe genießen.
Sie und ich werden leben.

Nichts außer einer Lilie

Ich sah Dich gestern Nacht – in meinem Traum.
Dein Atem glitt so weich über meine Haut.
Ich sah Dich heute Morgen, als ich erwachte,
mit nichts bekleidet als einer Lilie.
Ich war nicht im Schlaf, doch auch nicht wach.

Du sagtest, dass die Zeit sich langsam wandelt
und ich vielleicht bald mit Dir sein könnte.
Dein Lächeln sagte mir, alles ist wahr.
– Ich muss noch auf die Sekunde warten,
wenn Du mich sanft mit Deinem Mund berührst.

Die Zeit lachte über mich, als ich sie neulich
                              fragte,
was das wohl sei, das sie mir vorenthält.
Ich erwähnte Dich, doch sie wollte das Wunder
                              nicht hören,
das ich vor ihren Augen heraufbeschwor.
Ich werde es Dir eines fernen Tages erzählen.

Gegensätze

Sie ist nicht groß, nicht klein
– einfach die Richtige.
Ich sah ihren Schatten, doch finde ich nicht,
was dahinter liegt verborgen.
Ihre Stimme ein Geheimnis.

Dämmerung, Dein Licht ist zu dunkel
um den Weg sicher zu beschreiten
– doch die Bäume des Vergessens
weisen mir den Weg dieser Reise
in ihr Herz und ihren Verstand.

Ich kenne ihre Hoffnung nicht,
nicht ihre Ängste und Zweifel
doch werde ich spüren, wenn ich sie sehe,
dass sie denkt und hofft wie ich,
meine Augen sich spiegeln in ihrem Gesicht.

Dämmerung, in Deinem schwachen Licht
möchte ich sie küssen – wenn es so weit ist.
Wir werden eins sein in Deinem Glanz
und doch so unendlich verschieden.
Wie die Sonne und der Mond.

Der Atem dieser neuen Welt
weht durch mein nasses Haar
– eine Welt mit Dir und ihr
verloren auf den dunklen Pfaden
in den Wäldern der Zweisamkeit.

Der Mond geht auf, die Sonne stirbt.
Ihr Gesicht vor mir – das ewige Licht.
Ihre Stimme das Blut in meinen Adern.
Die Zeit steht endlich still – unsterblich.
Für diesen einen Moment.

Jahreszeiten

In Dir ist sie und auch in mir
– in allem auf dieser Welt.
Sie ist das Suchen und Niemals-Finden
und das Licht der Dunkelheit.
Sie ist wie Du – vergessen und schön
und ehern – in Stein gehauen.

Der Schnee ist hoch, die Luft ist klar
doch neblig sind alle Gedanken.
Ich vermisse Dich, wenn ich Dich sehe
und den Krug, der alles vereint
ist ihr Schoß und die Küsse der Ewigkeit
– bis an das Ende der Flucht.

Sie ist die Schönheit, die Dir fehlt
und aus Zucker gemacht die Gebäude
– wie ein Kleid aus flüchtigem Schnee –
der Liebe und bestehen bleibt nur der Zweifel
Verzweiflung, sie je zu verlieren
– als ob es sie jemals gab.

Sie war ein Traum der jungen Nächte
und Hoffnung in deinem Arm
Sie ist noch immer, was immer war
und sein wird in frostigen Stunden
im Frühling Dein Duft und im Herbst
der vergangene Sommer.

Verbrannte Erde für diese eine Lilie

Giftig ist ihr Atem für die Ahnungslosen
und doch so unbeschreiblich süß.
Dürstet es mir nach Deiner Haut und Deinem
Haar
so wild wie die Nacht, so unzähmbar
wie die Glut auf meiner kalten Haut?

Nektar des Lebens ist ihr Gesicht für die
Einsamen,
die Versager auf den verlassenen Pfaden
einer Welt des Lichts. Sie sind die Dunkelheit.
Fliegen wie die Motten um Dein gleißendes
Licht,
dem Untergang geweiht.

Glühend Dein Blick auf meinen Kleidern.
Nichts, nichts steht zwischen uns, ich bin das
Nichts.
Der Abgrund ist wie der süße Schlaf.
Weg von Dir, Du bist die Säure in meinen
Adern,
Wärme und Kälte und Dunkelheit und Licht.

Sie welkt noch schneller als der Mond,
der zwei Wochen nur braucht, um zu sterben.
Ich bleibe zurück und weiß nicht mehr, was sein
wird
in ihrem Grab, wenn Jahrtausende vergangen
und ihre Ahnen wachsen noch immer an diesem
Ort.

Wohin?

Sie ist die Zukunft und die Vergangenheit.
Mit der zartesten Berührung ihrer Worte
lenkt sie mich über den Pfad der Einsamkeit
hin zu ihr – weg von ihr.
Sie bleibt und geht und bleibt doch hier.

Mit Dir ist sie so eng verbunden,
Dämmerung, Du bist ihr Elixier.
Du machst mich blind, raubst mir den Geist.
Eine Marionette bin ich für alle Zeit
gefesselt an Dämmerung und Schönheit.

Zu viele Farben

Ihre Worte sind verwandt mit Dir,
sind nicht hell, nicht dunkel, schon gar nicht klar.
Das Grau und Grün und Blau ihrer Augen
spiegelt sich manchmal nur auf ihrem Haar.

Ihre Blicke sind Lanzen der Vergangenheit
versteckt hinter einem Lächeln.
Flucht zu Dir bleibt mir allein
– außer Atem, die Worte ein Hecheln.

Mein Gedanke an sie war nie ein schlechter
– manchmal aber gabst Du mir Wut.
Sie hört nicht, was zu sagen ich suche.
In der Nacht, noch vor der Sonne, erlischt die
                               Glut.

Deine Hoffnung, mich endlich gehen zu lassen
in die Welt nur aus Schwarz und Weiß
mag bleiben eine Illusion, wenn ich ihr
Gesicht nicht küssen kann.

Wut und Liebe, Freude und Gram
sind in mir und auch in ihren Worten.
Deine Lichter erloschen, die Wolken verzogen.
Brechen wir auf zu geheimen, grauen Orten.

Das gute Ende

Liebe ich ihre eisige Haut?
Oder doch ihren blumigen Atem?
Unwissend stehe ich jeden Tag vor ihr
und weiß nicht, was sagen.

Die Worte fließen jetzt aus meiner Feder,
doch nicht, wenn sie bei mir ist.
Wohin soll mein Schweigen führen,
als in die Trennung von ihr?

Viele Worte schwirren in meinem Kopf,
doch ein Knoten ist in meiner Zunge,
trocken der Rachen der Unsicherheit.
Ich bin ein Feigling, wenn ich nicht rede.

Komm zu mir, ich will doch nur
an Deiner Seite sein.
Zeige mir, was Dir im Leben
wichtig erscheint.

So spreche ich und in ihren Augen
sehe ich nur Erleichterung.
Warm ist ihre Stimme, als endlich sie lacht:
„Komm mit, meine Welt werde ich Dir zeigen."

Negation

Der Regen, der wie Feuer und Eis,
gleichsam schneidend und heilend zugleich
fiel und alle Sicherheit wusch
von meiner steinernen Haut.

Dein Licht zu schwach für den Regenbogen
– das himmlische Irrlicht seit aller Zeit.
Doch zu stark um nicht zu sehen,
wenn die Menschen von dannen ziehen.

Wie Feuer und Eis, wie Mond und die Sonne,
zu gegensätzlich um gemeinsam zu bestehen
und doch zu gleich um verschieden zu sein,
klingen Deine Worte in meinen Ohren.

Wenn die Lilien mich verlassen

Sie gehen alle fort
– früher oder später,
doch wir bleiben zurück,
die wir einfach zu langsam sind
– und die Ausfahrt verpassen.

Auch Du wirst eines Tages,
ob Du willst oder nicht, das Weite suchen,
ich werde Dich nicht halten können.
Werden wir, was auch immer mag kommen
nach dem Tod, wieder vereint sein?

Dein Fortgang wird mein Herz erschweren –
werde ich es weiter tragen können?
Mein Verlust wird Dich unsterblich machen
in diesen und noch hunderten Versen,
die ich schreibe, nur um Dich zu ehren.

Obskure Pfade

Dämmerung, ich sage Dir, was mich bewegt
Deine Gefährtin hat mich verlassen,
sie wandte sich ab von Deinem Freund
und sucht bei anderen den Weg,
der für mich schien so bestimmt.

Ihre Haut so zart wie die Früchte der Nacht
wie die Äpfel der Sünde ihr Busen so schön
– was rede ich von Sünde – mit ihr wär's keine.
Ihr Wesen so rein und bedacht all ihr Geist,
dass ich's konnte oft gar nicht glauben.

Nun ist sie fort – auf fremden Pfaden,
den Männern auf ewig verborgen.
Ihr Bild bleibt in Herz und Verstand.
Ihre Liebe gehört einer anderen Welt,
den Männern auf ewig verborgen.

Und mir eröffnet sich eine neue Welt,
die ich doch schon so oft habe gesehen.
Die Schöne hat mir den Glauben genommen
und die Hoffnung bald glücklich zu sein.
Ich stehe heute im Regen.

O, Dämmerung, lindere meine Pein
erklär mir die verborgenen Winkel,
erfrisch mir den Geist mit anderen Wesen,
die ich vorher habe so oft vergessen.

Wann immer ich die Augen schließe

Dein Gesicht ist wie der Schweiß des Sommers
unvermeidlich, endlos und so erleichternd.
Ein einziges Wort entweicht. Ernt
ich dafür einen Kuss auf meiner verwundeten
                              Seele
oder bleibt die Hoffnung in Deiner
                              unzerstörbaren
                              Stele?

Konstruiert sind diese Verse, nicht genug für
                              Dein Wesen.
Meine Worte sind hohl durch zu lange Wege –
                              zu wenige Worte.
Meine Gefühle, in einem Silo ich sie horte,
doch sie diffundieren heraus aus mir.
Ich möchte sein bei Dir.

Wann immer meine Augen sind gerötet
von den Stunden der Gedanken, die so treiben,
langsam meine Schlauheit zu zerreiben,
doch auch diese Last von meinen Schultern
                              nehmen,
um sie in einem Ozean aus Dir zu versenken.

Trüb die Sicht auf das, was vor mir liegt

Sie ist so schön – kühl wie der Morgen
eine Blume aus einer vergessenen Welt.
Sie lacht – ihre Augen wie das Himmelszelt.
Um sie mache ich mir keine Sorgen,
doch sorge ich mich um meine Seele,
wenn ich mich immer mit den gleichen
                               Gedanken quäle.

Rot ist die Sonne in meinen Augen,
als ich sie weinen höre,
weiß nicht, warum ich diesmal störe.
Meine Taten sollten zu etwas taugen,
als die Frauen, die ich kenne,
unglücklich zu machen, weil ich penne.

Doch ihre Tränen sind der Saft,
der mich heute am Leben hält.
Ich zehre von dieser kleinen Welt,
stehle mir diese unsägliche Kraft
sie zu lieben und zu küssen,
nie wieder allein sein zu müssen.

Sehnend auf die eine Nacht, Dich zu berühren
und die Zeit in der Umarmung zu verbringen.
Ein einsames, schräges Lied gemeinsam zu
                               singen
und die Zweisamkeit allein, als einziges zu
                               spüren.

Wie zwei Sonnen im kalten All
sich umkreisen, zergehen in endlosem Knall.

Und wenn der Morgen sich langsam zeigt,
die Sonne wieder auf uns scheint,
bleiben wir doch immer noch vereint.
Zum Gehen ist keiner von uns geneigt,
doch die Zeit mag kommen, wenn einer muss
                          gehen,
zu bleiben sollten wir dann nicht flehen.

Trüb ist die Sicht auf das, was vor mir liegt,
wenn ich weiß, dass ich bald gehen werde.
Eins dieser schweren Dinge zwischen Himmel
                          und Erde
ist der Abschied, der letztlich immer siegt.
Deine Stimme bleibt, doch fort ist Deine Wärme.
Nur bei mir bist Du, wenn ich im Dunkeln von
                          Dir schwärme.

Freundschaft

In Deinem Angesicht wird alles, wie es sein
sollte.
Die Geister der Vergangenheit bleiben uns
verborgen,
entschwunden aus der Welt von Kälte und
Nichtigkeit,
bleibt uns nur zu gehen die Wege der
Gemeinschaft.
Entgangen den Zwängen der Macht.

Wenn auch die Sterne uns vorgaukeln, die Nacht
sei schon
gekommen,
bleibst Du mit uns noch einen winzigen
Augenblick.
Bis zum Untergang des Mondes und der Sonne
und der
vollkommenen Erde.
Ein Untergang für alle Ewigkeit, ein Staubkorn
im Auge des Einen,
doch nicht für uns Verweilende.

Der Weg aus dieser so schönen Zeit, hinein in
eine noch schönere
führt uns durch Dich und wieder durch Dich.
Kein Licht beleuchtet sonst den Weg, als Deine
schwache Fackel,

doch wir sehen dennoch unsere Schritte, liebend
und voller Wärme,
die die Menschheit scheint so oft verloren.

Blass sind die letzten Reste des Sommers in den
Ästen,
die Vögel sind schon seit Wochen aufgebrochen,
doch das Feuer in unserer vereinigten Seele
brennt lichterloh,
entfacht schon vor so langen Jahren in der
Jugend früher Glut.
Zerronnen das Eis der Vernunft.

Die Freundschaft, die aus Liebe entstand, an so
vielen Dingen
beinahe zerbrach, verbleibt zwischen uns in einer
Welt der
Unterschiede.
Näher als nah sind die Gedanken, wenn wir
gemeinsam
schwitzen
in der Hitze des vergangenen Sommers der
Verwirrung.
Ich kann sie noch immer nicht gehen lassen.

Schein

Glücklich sieht die Welt heute aus,
doch alle Freude ist nur ein Schein.
In Deinem Schatten, Dämmerung, ist alles eins.
Ist nichts, was es sonst zu sein scheint
– nicht einmal ich.
Nicht stärker, nicht schwächer – nur anders.
Einfach ist das Leben der Einfältigen –
ich sehne es herbei.
Ich möchte mich nicht darin verlieren.
Dein sanfter Griff weist mir schroff den Weg
– ich werde ihn gehen – warten – gehen.
Ein Tunnel klafft – frisst mich auf
– ich bin Dynamit, das ihn vernichtet,
spüre die Glut in meinen Adern,
den Durst in meiner Kehle.
Die Karten liegen endlich auf dem Tisch
– nichts mehr hat eine Bedeutung.
Dämmerung, Dein gottloser Plan
– wird in Erfüllung gehen
– und ich mit ihm.

Liebesgedicht

Die Worte sind zu wenig, um zu sagen.
Ihre Nähe ist beinah' zu viel für mich,
doch ich brauche sie, ich muss es wagen.
Unter alles nur ein Schlussstrich.

Neu sind die Gedanken, die mich leiten
in ihre so wunderwarmen Arme.
Das Ich und Du langsam entgleiten
zerfließen in das Eine Warme.

Alt werden wir sein, wenn die Zeit ist reif
für den Übergang in das nächste Sein
und von uns bleibt nur ein einzelner Streif,
ein Hauch der Liebe, so zart und rein.

Ich liebe Dich, weil ich Dich liebe.
Nichts anderes fällt mir zu sagen sein.
Wenn mein Herz in meiner Brust doch bliebe.
Wenn meine Worte wären nicht so unglaublich
                              klein.

Ich liebe Dich, weil ich Dich kenne
und Deine Augen sind mein einsames Meer.
Ich brauche Dich, gerade, wenn ich renne
davon vor meiner Gedanken Heer.

Deine Augen schauen mich leise an
und sagen mir doch alles so laut.
Liebe fängt auf diese Weise an
und geht so schnell unter die Haut.

Deine Hände berühren meine kalten Knochen.
Der Zahn der Zeit bröckelt langsam dahin.
Mich hat die Eine Rose so süß gestochen.
Mein Schutz bröckelt langsam dahin.

Deine Lippen sind so weich wie das Laub
des Herbstes, den ich niemals erleben will.
Es ist die Ewigkeit, an die ich eisern glaub'.
Leben, für uns nur stehe endlich still.

Gehen lassen

Du besuchst mich zu selten in letzter Zeit.
Du rennst vorbei und bleibst nie stehen
für den kleinen, kurzen Moment.
Dein Lachen rauscht nur noch entfernt

in meinen Ohren aus Ignoranz
und Einfalt, die ist der Mittelpunkt der Welt.
Deine Worte sind noch immer der Saft in meinen
                              Adern.
Dein Gesicht, Dämmerung, mein Traum.

Du hebst und senkst Dich wie die Zweige im
                              Wind
und zeigst mir kein Ein, doch vielleicht ein Aus,
wenn durch fruchtlose Gedanken ich wandle,
und zwischen Leben und Tod ich streite.

Dunkel die Welt ohne Dich, voller Tränen.
Hoffnung keimt so schnell – und geht zugrunde.
Was bleibt von der schlagartigen Hitze
als ein Nachhall vergänglicher Worte?

Zeitgeist

Waffen und Krieg sind die Themen der Zeit,
der Geschichte und aller Menschen Taten.
Im Großen wie im Kleinen zählen nur
Sieg und Niederlage – es gilt nur der Vergleich.
In Deinem Licht, Dämmerung, einzig allein
ist alles gleich und alles eins,
alles grau und bunt und schwarz und weiß
– alles einerlei.

Leitern, Stufen, hinauf und hinab,
keine Ebene säumt den ausgetretenen Pfad.
Glitschig – und doch der einzige Halt
in einer Zeit, die alles hat außer Zeit.
Die winzigen Momente mit Dir verbleiben
wie die Ruhe vor dem Sturm – nach dem letzten
                              Gewitter.
Unerträglich, endlich – so sehr vergänglich.
Ein Kampf um das Ende des Kampfes.

Verwelken auch die Lilien wie die Träume der Kindheit

Und ich kehrte zurück in diese Welt,
als die Lilien waren alle vergessen.
Ich schlug mein Zelt auf in der Weite der Nacht.
Die Menschen waren von ihren Träumen besessen
und der Tag wollte niemals kommen.

Deine Worte waren die Hoffnung und doch die Verdammnis.
Dein Gesicht brandete an diesen Felsen einer vergessenen Welt,
die stand und stand und wandelte nicht die Weise.
Ich allein stand im nackten Wind
– keine Weisheit in seiner Stimme.

Und als ich endlich mein Leben besiegte,
zog ein Schleier vorüber, gewebt aus Deinem leuchtenden Haar,
wie nichts verschwand er in der Dunkelheit,
doch Dich konnte er nicht nehmen von mir,
verwelken auch die Lilien wie die Träume der Kindheit.

Ich träumte nicht mehr, seit Du warst
                    verschwunden,
meine Gedanken, vereist, kamen nicht voran,
die Augen entrückt, verschleiert, ich sah nur die
                    Wunden.
In dieser Nacht hörten die Wölfe mein
                    Schnaufen
– als die Einsamkeit mich durchbohrte.

Dämmerung

Die Sonne hinter den Hügeln ist verschwunden
und mit ihr alle Klarheit dieser Welt.
Ihr Licht doch bleibt für Zeiten noch bestehen,
die Nacht streckt schon die Arme aus
nach allem, was ist und bleibt.

So grau die Welt, wenn Tag und Nacht vereinigt,
so schön und doch erhaben seltsam
und verworren Deine Pfade,
Dämmerung, Dein Geist bleibt mir verborgen,
so rot der Himmel und violett.

Die Welt so grau, die Bäume so fahl,
die Wangen der Geliebten nicht mehr rosig.
Entschwunden die Farbe in andere Welten,
frei und endlich sind nun die Gestalten
zu sein, was sie sind – ein ewiger Traum.

Neue Dämonen in meinen Adern

Dein Gesicht hat sie dereinst geweckt
– doch sie sind nicht mehr dieselben.
Anders sind sie – fremd – wie ich.
Sie sind nicht ich, doch ich bin sie.
Ihr Wüten ist das Blut in meine spröden Adern.

Wohin bist Du gegangen?
Warum ließest Du mich allein?
Du hättest mir das sein sollen,
das heute nur noch die Wut ist,
der Zorn auf Dein Verschwinden.

Die Geister meiner Vergangenheit
sind die Krankheit meines Geistes
und das Gift in meiner Seele.
Die Dämonen haben noch keine Macht über
                            mich,
doch Dein Untergang werden sie sein.

Ich bin das Feuer, das Dich verbrennt.
Das Eis, das Dein Fleisch zerreißt.
Dein Wimmern ist der Balsam des Lebens
für meine Ohren und Linderung
meiner zerstörten Seele.

Kein Weg, sich selbst zu entfliehen

In meinen Adern fließt nicht die Politik.
Nicht die großen Fragen der Menschheit
                              bewegen mich.
Durch Dich, Du kleines zartes Pflänzchen, bin
                              ich allein angeregt.
Eine Lilie in einer Welt voller Bäume, bedeckt
                              von den Blättern
der lauttönenden Belanglosigkeit.

Wenig Bedeutung haben meine Worte für die
                              Menschheit,
doch für manche sind sie ein kleiner Schatz
an Selbst-Erkenntnis und der Einsicht, dass wie
                              groß
auch die Welt erscheinen mag den anderen,
das Zentrum der Gedanken und Taten ist man
                              selbst
und die Liebe, diese so oft vergessene Lilie.

Düsternis

Die Blüte der Liebe – die Lilie der Hoffnung
unsichtbar für uns Gestalten der Nacht
und doch so strahlend in den Stunden des Lichts
– sind wir verloren in unserer Welt?
Gefangene der Düsternis in unserem Schrein
aus Nichts und Alles in unserem Kopf.
Müde sind die Nymphen, zu schwach uns zu
                              leiten.
Nur noch die Feen der Nacht um uns,
nicht Mensch, nicht Tier, über beides erhaben.
Die Bäume sind zu hoch, zu niedrig die Äste
um aus unserer Grube
in die Höhe der Sterne zu fliehen.

Sonnenschein

Ich bin so nass von Deinen Tränen
und hoffe auf die nächste Nacht,
dass sie die süßen Träume schließt
ein in mein heißes Hirn.

Der Kampf um Dich ist längst verloren
– doch morgen wirst du auferstehen
und mit Dir, wer ich einst gewesen
– niemals unterzugehen.

So ist der Lauf der Dinge heute,
wie er seit Jahrhunderten war.
Die Schleife in Deinem lieblichen Haar
wird niemals zu Ende gehen.

Meine Worte sind so zäh,
als wärst Du nass vom Gewitter
und ich nur selten auch erleuchtet
durch des Blitzes leichtes Gezitter.

Trotz der Lilien

Ich schenkte Dir noch nichts.
Ich werde Dir nie etwas schenken,
Du bist mir egal.
Du brauchst mich nicht.

Ich habe Dir fast mein Herz geschenkt.
Hast Du es vielleicht doch schon?
Habe ich nicht schon zu viel gegeben?
Von Deiner Frucht gekostet?

Ich weiß nicht, was die Welt
mir sagen will mit Deinem Gesicht
und Deinem heimlichen Duft.
Der Regen ist süß und die Sonne so klar,
wenn ich Dich weglaufen sehe.

Ich möchte mich in Dich verknallen,
auch wenn Du mich nicht willst.
Deine Augen möchte ich von Nahem sehen.
Deine leisen Worte hören.

Im Dunst der letzten Nacht
warte ich auf Dich
unter einem Baum, mit Lilien in der Hand.
Ich sehe sie nicht.

Auf der Wiese, so trocken von der Flut
wächst noch das letzte Gras
und wartet auf Dich – und auf mich.
Warum, das weiß ich nicht.

In der Glut des Mittags stehst Du so
und ich möchte neben Dir gehen.
Deine Haut so braun und doch so schön
und Dein Lachen von einem anderen Stern.
Ich bin Dir endgültig verfallen.

Trotz der Lilien, die ich Dir brachte,
wirst Du mich niemals lieben.
Trotz der Zeiten, die ich wachte
in Gedanken, in Deinem Geist,
verschwinde ich nun sachte,
ohne Dich aufzuwecken.

Und mit dem letzten Blick,
bevor die Nacht mich endlich schluckt,
blicke ich auf die Sekunden zurück,
die ich mit Dir nur hatte.

Neues Leben

Keine Zeit bleibt mir, endlich fortzugehen
ich habe stets nur Kraft zu verweilen,
nicht die Worte mich von euch allen
Menschen mich endlich loszusagen.
Fleisch und Blut sind zu sehr gebunden.

Sich selbst zu lassen für einen einzigen Moment,
das ist der Kampf, der mich antreibt.
Wie soll das jemals ein Ende finden?
Das Selbst ist alles, was ich habe.
Unteilbar, einsam, kalt und doch warm.

Selbsterhöhung durch unflätige, ruchlose Taten,
ein Vergehen gegen das Mensch-Sein an sich.
Nur in Deinem Licht, in der heiligen
                          Dämmerung
sind Gedanken klar und unvergessen.
Diamanten in Augen aus Granit.

Nicht Glas, nicht Wasser steht zwischen uns,
nur die Entfernung einer vergangenen Nähe.
Ich kannte Dich, verehrte Dich,
doch ich muss vergessen Dich.

Flucht

Wo bist Du, Bruder, in dieser dunklen Welt?
Und Schwester, Dämmerung, wo bist Du?
Meine Hände sind kalt vom Morast meiner
                                        Suche
nach euch seit Äonen im unendlichen Wald.

Ein Blitzen sehe ich am Horizont – ein
                                        Geschmeide?
Und ich höre das Rascheln der toten Zweige,
doch mein Rufen verhallt im eisigen Wind.
Bleibt stehen, stehen, ich flehe euch an.

Euch auch nur eine Sekunde zu sehen
– nur eine Spur von euch zu riechen
und dabei zu der Einen Göttin beten,
uns ihr Herz zu schenken.

Eure Namen sind Gift in meinen Ohren.
Sehnsucht ist nicht mehr als fehlende Wut.
Meine Pfade weichen bald ab von den euren,
als das Werk der Verdammnis ich sehe.

Vor meinen Augen

Ich sah in ihr den vollen Mond
und die Nacht im samtenen Kleid
so schwarz und die helle Sonne am Tag
und die Gischt in der schlammigen Dünung
der Flüsse und Bäche der Heimat.

Ich sah mit ihr die Sterne der Nacht
und am Tag die duftenden Wälder,
tauchte ein mit ihr in fremde Welten,
gemacht aus Ideen und Träumen.
Ich sah ihre heiligen Hallen.

Heute, Dämmerung, sehe ich nur Dich,
doch sie bleibt in meinen Gedanken,
ihr Gehen war bitter – und seltsam.
Ich sehe sie in meinen Träumen,
wenn der Geist ist auf Abwegen.

Heute, Dämmerung, bleibst nur Du
zu lindern mein Leiden mit Tränen.
Doch meine Augen sind trocken und klar,
so scharf sind meine Gedanken,
doch sie handeln nur von ihr.

Gestern war Hoffnung, heute ist nichts,
als den Blick in die Ferne zu richten.
Morgen wird Glück oder Schmerz –
niemand wird es wissen.
Gegangen ist sie – doch nicht für immer.

Verlassen

Den Blick für die Nähe
habe ich verloren
im Anblick dieser sterbenden Sonne.

Die Weiten erstrecken sich
vor meinem Auge
– kein Ende ist jemals zu finden.

Eine Lilie steht schon fast vergessen.
Sie ist wie sie, die ich habe verlassen.
In ewige Schönheit verwandelt.

Und wenn ich nach diesem kurzen Tag
erneut in die Dunkelheit gehe,
bleibt mir nur ein einziges Wort.

Ich sage zu der, die ich viel zu sehr liebe,
dass ich niemals bei ihr sein werde.
Bis die Wolken haben sich endlich verzogen.

Am Scheideweg

Du verharrst in dieser Welt
so lange an diesem Tag des Gerichts
– wenn die Engel auf Dein Verscheiden warten,
die Menschen Dich niemals missen möchten.
– Du schenktest uns Hoffnung und Träume,
Erfüllung im Himmel der Bitterkeit.

Dein Scheiden ist ein Anbruch – ein Umbruch
einer neuen Zeit – dem ewigen Tag.
Dem Schöpfer sollen wir gegenübertreten
– erblassen in seinem Angesicht.
Die Dunkelheit und mit ihr die Schatten
sollen für immer weichen.

Wir Menschen werden bald schon brennen.
Die Wurzeln werden ausgerissen
zu dieser einen Welt – dunkel, böse.
Doch, Gott, habe doch die Einsicht,
du hilfst uns nicht, wenn du uns holst
– einen Schatten wirft jedes Licht.

Meine, Deine, keine Lilie

Es ist das Nichts, das alle erwartet,
wenn sie nicht hören auf meine Worte.
Es ist Dein Auge, das ich sehe,
wenn ich in den Spiegel schaue.

Deine Hand ist längst vertrocknet
in den Winden der Anderen Welt.
Dein Atem ist nicht viel mehr als vergessen,
ein Hauch der Erinnerung.

Gestern lag ich noch wach,
als die Sonne sich schon wieder erhob.
Heute ist jede Sekunde des Tages
die Sonne, die Lilie, die Hoffnung.

Wo ist die Zeit nur hin,
die ich hatte Dich vergessen?
Wo sind die Momente geblieben,
die ich wartete auf Deine Stimme?

Das letzte Licht

Unter Deinem letzten Licht, meine Dämmerung
sah ich sie dereinst zum ersten Mal
– wissend schon in diesem Moment
dass ich niemals sie wieder vergessen würde.

Unter Deinem allerletzten Licht, Dämmerung
sagte mir ein Freund, ich solle gehen
meinen Weg in ihre zarten, zerbrechlichen Arme
– ich tat es und verlor mich voll und ganz.

Wenn die Sonne streichelt wie sie mein Gesicht
– und Deine Wärme ist in meinen Gliedern –
vergesse ich, dass sie nicht mehr ist –
nein, ich kann es niemals vergessen.

Im ersten Licht des neuen Tages
wünschte ich, Du wärst jetzt bei mir
– und könntest ihren Schatten sehen
im Tau, im Wind und im Duft der Bäume.

Zu wenig ist heute vergessen

Meine Bürde sind die vergangenen Tage,
meine Stunden der Einsamkeit
sind für mich das Zünglein an der Waage
zwischen Wahnsinn und Beständigkeit.

Diese eine schöne Blume,
wie möchte ich sie schätzen.
Für mich viel mehr als eine Blume.
Sie ist die Gedanken, die mich hetzen

in der Nacht, wenn die Nebel wallen
um sie in der Kälte vor dem Haus
der Hoffnung, das wird nie zerfallen.
Sie trieft von den Tropfen des Taus.

Um sie zu bewundern alle Zeit
ist heute zu wenig vergessen.
Die Vergangenheit ist Bitterkeit
– hat schon immer mein Hirn zerfressen.

Aus diesem Karussell der Gedanken
findet sich nur schwerlich ein Ausweg.
Einfach wäre die Welt ohne Schranken.
Nackt zu sein in seinem Wesen
und nur noch im Dunkeln zu leben
– von ihren Küssen.

Eine Lilie im dunstigen Sonnenschein

In diesem Sumpf bin ich zu Hause,
seit die Welt hat begonnen zu sein,
doch werde nicht ein einziges Wort sagen
über die Vergangenheit.

Mein Streben ist die Zukunft – das Jetzt.
Nichts, was war, hat eine Bedeutung.
Ich krieche durch den ewigen Schlamm
wie der Nebel im November.

Ein Geist bin ich, nichts als eine Illusion,
die Einsamkeit und die Hoffnung und die Angst.
In euren Augen, Menschen, sehe ich nur noch
                              Furcht
vor dem, das ihr nicht kennt.

Ich bin, was ihr niemals kennen werdet,
nicht Mensch, nicht Tier, bin nicht real.
Böser und guter Traum, Nachtmahr mag ich sein
über das, was ihr nicht habt.

Ich bin eure Vorstellung von einer Welt
ohne Schatten.
Projektion eurer tiefsten Ängste.
Ich werde euch niemals verlassen.

Wohin ihr euch auch begeben möget,
mich werdet ihr immer noch sehen.
Eine Blume nicht schön, nicht hässlich,
eine Lilie im dunstigen Sonnenschein.

Platzende Träume

Dereinst da saß ein Mann so da
und glaubte an die Liebe.
Er dachte an die kommende Zeit – und hoffte
sie möge doch ewig so bleiben
wie Du bist – so sanft und dunkel-hell.

Den Bund wollte er schon bald beschließen
mit einer Maid, die war so rau wie mein
                            Heimatland
Dir erzählte er, was er noch wünschte –
sein Fleisch vermehret
Warum hieltest Du ihn nicht ab?

Es ging, nachdem Du tausend Mal
erstanden bist und wieder vergangen,
mit Ach und Krach erbärmlich zugrunde,
was er voll Mühe erschaffen –
und nichts blieb ihm zwischen Tag und Nacht,

als an Dich weiter zu glauben.
Und nach nochmal so vielen Tagen
blieb ihm ein einziger Tag
zu erkennen, was er hätte sehen
und tun können mit Dir.

Wie früher deucht ihm die heilige Zeit,
wenn Tag und Nacht sich vereinen,
ihm geben wieder seine Träume,
die er bringt nun zu Papier
– um niemals Dich zu vergessen.

Und wenn die Liebe auch nicht bleibt,
so erzählst Du mir doch die Geschichten
und zeigst mit Deiner sanften Hand,
was für Freude ist im Dichten.

Und wenn die Sonn' hinterm Mond verschwand
und der Mond hinter ewigen Fichten,
so vergesse ich des Tages Geschäfte
– und tanke mit Dir meine Kräfte.

Außer Atem

Die Sonne, der Mond ziehen noch immer die
                              Runden
und lassen mich rennen um mein Leben.
Ihr Atem wiegt schwer in Deinen Adern
und Dein Herz schlägt nach ihrem Takt.

Ich renne und renne, doch bleibe ich
hinter Deinem Schritt immer einen zurück.
Ich hebe bald ab, bald schwimme ich,
doch Du bist niemals in Sicht.

Dämmerung, bleibe doch stehen vor mir,
gib mir Zeit, einmal Atem zu holen
und zu finden die Ruhe, die jeder braucht,
zu finden, was er sucht.

Die Eine ist noch immer nicht da,
auch wenn ich warte seit Äonen
– das Warten verliert schon lange den Sinn,
ich weiß nur um das baldige Ende
des Wartens.

Niemals vergessen

Ein Keim einer längst vergessen
geglaubten Blume geht auf in dieser dunklen Zeit
und der zerstört die lang so angenehme
                                     Einsamkeit.
– Ich bin zu oft in der Dunkelheit gesessen.

Und all die Stunden in der Sonn',
die ich vergaß, als ich die Sterne sah,
verschwimmen, wenn ich Dir bin nah
und einsam ich zerronn

in meinen Gedanken an Deine Worte.
Ich möchte heute bei Dir sein,
möchte greifen den Halm, auch noch so klein,
und Dir zeigen die dunklen Orte

der Nacht, die mich so sehr betört,
mich rettet in Zeiten der größten Not
und Freude ist, wenn alles im Lot.
Wie hast Du mich heute verstört.

Mir schwindelt es, wenn ich Dich sehe.
Deine Augen wie der weite Himmel,
vergessen wie der schwarze Schimmel,
der liegt auf mir, wohin ich auch gehe.

Ich werde ihn besiegen, für Dich werde
ich meine Gedanken vergessen, von neuem
                        beginnen.
Wir werden gemeinsam die Ränke spinnen
und uns entfernen von der gleichgültigen Herde.

Wenn Du mir heute sagst, mich niemals zu
                        vergessen,
mit mir zu suchen die ewige Wahrheit,
ausbrechen aus dieser gewöhnlichen Einfachheit.
Nichts wäre so einfach wie dieses Leben.

Eine leere Stelle

Und ich schnitzte meinen Namen in die
                              Baumrinde,
das war alles, an das ich noch glaubte.

Ich hatte Deinen Namen vergessen,
Dein Gesicht verblasste im Nebel der Zeit.

Ich ließ eine freie Stelle für Dich.

Für die Leere in meinem Herzen.